LIVRE DE CAISSE
RECETTES ET DEPENSES

D1698902

N° SIRET _____

Nom _____

Adresse _____

Téléphone _____

E-mail _____

Année : _____

N°	Date	Désignation	Recettes	Dépenses	Solde
		Totaux			

Année : **Solde précédent :**

N°	Date	Désignation	Recettes	Dépenses	Solde
		Totaux			

Année : Solde précédent :

N°	Date	Désignation	Recettes	Dépenses	Solde
		Totaux			

Année :   Solde précédent :

N°	Date	Désignation	Recettes	Dépenses	Solde
		Totaux			

Année : _____   Solde précédent : _____

N°	Date	Désignation	Recettes	Dépenses	Solde
		Totaux			

Année : **Solde précédent :**

N°	Date	Désignation	Recettes	Dépenses	Solde
		Totaux			

Année : Solde précédent :

N°	Date	Désignation	Recettes	Dépenses	Solde
		Totaux			

Année : Solde précédent :

N°	Date	Désignation	Recettes	Dépenses	Solde
		Totaux			

Année : _____   Solde précédent : _____

N°	Date	Désignation	Recettes	Dépenses	Solde
		Totaux			

Année : _____   Solde précédent : _____

N°	Date	Désignation	Recettes	Dépenses	Solde
		Totaux			

Année : Solde précédent :

N°	Date	Désignation	Recettes	Dépenses	Solde
		Totaux			

Année : _____   Solde précédent : _____

N°	Date	Désignation	Recettes	Dépenses	Solde
		Totaux			

Année :   Solde précédent :

N°	Date	Désignation	Recettes	Dépenses	Solde
		Totaux			

Année :   **Solde précédent :**

N°	Date	Désignation	Recettes	Dépenses	Solde
		Totaux			

Année : _____   Solde précédent : _____

N°	Date	Désignation	Recettes	Dépenses	Solde
		Totaux			

Année : _____		Solde précédent : _____

N°	Date	Désignation	Recettes	Dépenses	Solde
		Totaux			

Année : _____   Solde précédent : _____

N°	Date	Désignation	Recettes	Dépenses	Solde
		Totaux			

Année : _____   Solde précédent : _____

N°	Date	Désignation	Recettes	Dépenses	Solde
		Totaux			

Année :   Solde précédent :

N°	Date	Désignation	Recettes	Dépenses	Solde
		Totaux			

Année : _____   Solde précédent : _____

N°	Date	Désignation	Recettes	Dépenses	Solde
		Totaux			

Année : Solde précédent :

N°	Date	Désignation	Recettes	Dépenses	Solde
		Totaux			

Année : _____   **Solde précédent :** _____

N°	Date	Désignation	Recettes	Dépenses	Solde
		Totaux			

Année : Solde précédent :

N°	Date	Désignation	Recettes	Dépenses	Solde
		Totaux			

Année :   Solde précédent :

N°	Date	Désignation	Recettes	Dépenses	Solde
		Totaux			

Année :   Solde précédent :

N°	Date	Désignation	Recettes	Dépenses	Solde
		Totaux			

Année : _____   **Solde précédent :** _____

N°	Date	Désignation	Recettes	Dépenses	Solde
		Totaux			

Année : _____   Solde précédent : _____

N°	Date	Désignation	Recettes	Dépenses	Solde
		Totaux			

Année : Solde précédent :

N°	Date	Désignation	Recettes	Dépenses	Solde
		Totaux			

Année : _____   **Solde précédent :** _____

N°	Date	Désignation	Recettes	Dépenses	Solde
		Totaux			

Année :   **Solde précédent :**

N°	Date	Désignation	Recettes	Dépenses	Solde
		Totaux			

Année : Solde précédent :

N°	Date	Désignation	Recettes	Dépenses	Solde
		Totaux			

Année : _____ **Solde précédent :** _____

N°	Date	Désignation	Recettes	Dépenses	Solde
		Totaux			

Année : Solde précédent :

N°	Date	Désignation	Recettes	Dépenses	Solde
		Totaux			

Année : _____   **Solde précédent :** _____

N°	Date	Désignation	Recettes	Dépenses	Solde
		Totaux			

Année :   Solde précédent :

N°	Date	Désignation	Recettes	Dépenses	Solde
		Totaux			

Année :   Solde précédent :

N°	Date	Désignation	Recettes	Dépenses	Solde
		Totaux			

Année : _____   **Solde précédent :** _____

N°	Date	Désignation	Recettes	Dépenses	Solde
		Totaux			

Année :   **Solde précédent :**

N°	Date	Désignation	Recettes	Dépenses	Solde
		Totaux			

Année :   Solde précédent :

N°	Date	Désignation	Recettes	Dépenses	Solde
		Totaux			

Année :   Solde précédent :

N°	Date	Désignation	Recettes	Dépenses	Solde
		Totaux			

Année : _____   **Solde précédent :** _____

N°	Date	Désignation	Recettes	Dépenses	Solde
		Totaux			

Année : Solde précédent :

N°	Date	Désignation	Recettes	Dépenses	Solde
		Totaux			

Année :   Solde précédent :

N°	Date	Désignation	Recettes	Dépenses	Solde
		Totaux			

Année : Solde précédent :

N°	Date	Désignation	Recettes	Dépenses	Solde
		Totaux			

Année : Solde précédent :

N°	Date	Désignation	Recettes	Dépenses	Solde
		Totaux			

Année : _____   Solde précédent : _____

N°	Date	Désignation	Recettes	Dépenses	Solde
		Totaux			

Année : Solde précédent :

N°	Date	Désignation	Recettes	Dépenses	Solde
		Totaux			

Année :   **Solde précédent :**

N°	Date	Désignation	Recettes	Dépenses	Solde
		Totaux			

Année : _____   Solde précédent : _____

N°	Date	Désignation	Recettes	Dépenses	Solde
		Totaux			

Année :   **Solde précédent :**

N°	Date	Désignation	Recettes	Dépenses	Solde
		Totaux			

Année : Solde précédent :

N°	Date	Désignation	Recettes	Dépenses	Solde
		Totaux			

Année : _____   **Solde précédent :** _____

N°	Date	Désignation	Recettes	Dépenses	Solde
		Totaux			

Année :   **Solde précédent :**

N°	Date	Désignation	Recettes	Dépenses	Solde
		Totaux			

Année :   **Solde précédent :**

N°	Date	Désignation	Recettes	Dépenses	Solde
		Totaux			

Année :   Solde précédent :

N°	Date	Désignation	Recettes	Dépenses	Solde
		Totaux			

Année :   **Solde précédent :**

N°	Date	Désignation	Recettes	Dépenses	Solde
		Totaux			

Année : Solde précédent :

N°	Date	Désignation	Recettes	Dépenses	Solde
		Totaux			

Année :   **Solde précédent :**

N°	Date	Désignation	Recettes	Dépenses	Solde
		Totaux			

Année : Solde précédent :

N°	Date	Désignation	Recettes	Dépenses	Solde
		Totaux			

Année : **Solde précédent :**

N°	Date	Désignation	Recettes	Dépenses	Solde
		Totaux			

Année : **Solde précédent :**

N°	Date	Désignation	Recettes	Dépenses	Solde
		Totaux			

Année :   **Solde précédent :**

N°	Date	Désignation	Recettes	Dépenses	Solde
		Totaux			

Année : _____   Solde précédent : _____

N°	Date	Désignation	Recettes	Dépenses	Solde
		Totaux			

Année : **Solde précédent :**

N°	Date	Désignation	Recettes	Dépenses	Solde
		Totaux			

Année : Solde précédent :

N°	Date	Désignation	Recettes	Dépenses	Solde
		Totaux			

Année :   **Solde précédent :**

N°	Date	Désignation	Recettes	Dépenses	Solde
		Totaux			

Année : _____   Solde précédent : _____

N°	Date	Désignation	Recettes	Dépenses	Solde
		Totaux			

Année :   **Solde précédent :**

N°	Date	Désignation	Recettes	Dépenses	Solde
		Totaux			

Année : Solde précédent :

N°	Date	Désignation	Recettes	Dépenses	Solde
		Totaux			

Année : Solde précédent :

N°	Date	Désignation	Recettes	Dépenses	Solde
		Totaux			

Année : _____   Solde précédent : _____

N°	Date	Désignation	Recettes	Dépenses	Solde
		Totaux			

Année :   **Solde précédent :**

N°	Date	Désignation	Recettes	Dépenses	Solde
		Totaux			

Année :   **Solde précédent :**

N°	Date	Désignation	Recettes	Dépenses	Solde
		Totaux			

Année : Solde précédent :

N°	Date	Désignation	Recettes	Dépenses	Solde
		Totaux			

Année : Solde précédent :

N°	Date	Désignation	Recettes	Dépenses	Solde
		Totaux			

Année :   Solde précédent :

N°	Date	Désignation	Recettes	Dépenses	Solde
		Totaux			

Année :   **Solde précédent :**

N°	Date	Désignation	Recettes	Dépenses	Solde
		Totaux			

Année :   Solde précédent :

N°	Date	Désignation	Recettes	Dépenses	Solde
		Totaux			

Année : _____   Solde précédent : _____

N°	Date	Désignation	Recettes	Dépenses	Solde
		Totaux			

Année : Solde précédent :

N°	Date	Désignation	Recettes	Dépenses	Solde
		Totaux			

Année : Solde précédent :

N°	Date	Désignation	Recettes	Dépenses	Solde
		Totaux			

Année : _____	**Solde précédent :** _____

N°	Date	Désignation	Recettes	Dépenses	Solde
		Totaux			

Année :   Solde précédent :

N°	Date	Désignation	Recettes	Dépenses	Solde
		Totaux			

Année :   **Solde précédent :**

N°	Date	Désignation	Recettes	Dépenses	Solde
		Totaux			

Année :   **Solde précédent :**

N°	Date	Désignation	Recettes	Dépenses	Solde
		Totaux			

Année :   **Solde précédent :**

N°	Date	Désignation	Recettes	Dépenses	Solde
		Totaux			

Année : _____   Solde précédent : _____

N°	Date	Désignation	Recettes	Dépenses	Solde
		Totaux			

Année : Solde précédent :

N°	Date	Désignation	Recettes	Dépenses	Solde
		Totaux			

Année : Solde précédent :

N°	Date	Désignation	Recettes	Dépenses	Solde
		Totaux			

Année : Solde précédent :

N°	Date	Désignation	Recettes	Dépenses	Solde
		Totaux			

Année : Solde précédent :

N°	Date	Désignation	Recettes	Dépenses	Solde
		Totaux			

Année : Solde précédent :

N°	Date	Désignation	Recettes	Dépenses	Solde
		Totaux			

Année : _____   Solde précédent : _____

N°	Date	Désignation	Recettes	Dépenses	Solde
		Totaux			

Année : **Solde précédent :**

N°	Date	Désignation	Recettes	Dépenses	Solde
		Totaux			

Année :   Solde précédent :

N°	Date	Désignation	Recettes	Dépenses	Solde
		Totaux			

Année :   Solde précédent :

N°	Date	Désignation	Recettes	Dépenses	Solde
		Totaux			

Année : _____   Solde précédent : _____

N°	Date	Désignation	Recettes	Dépenses	Solde
		Totaux			

Année : **Solde précédent :**

N°	Date	Désignation	Recettes	Dépenses	Solde
		Totaux			

Année : _____   Solde précédent : _____

N°	Date	Désignation	Recettes	Dépenses	Solde
		Totaux			

Année :   Solde précédent :

N°	Date	Désignation	Recettes	Dépenses	Solde
		Totaux			

Année : _____   **Solde précédent :** _____

N°	Date	Désignation	Recettes	Dépenses	Solde
		Totaux			

Année : **Solde précédent :**

N°	Date	Désignation	Recettes	Dépenses	Solde
		Totaux			

Année :　　　　　　　　　　　　　　　Solde précédent :

N°	Date	Désignation	Recettes	Dépenses	Solde
		Totaux			

Année :   **Solde précédent :**

N°	Date	Désignation	Recettes	Dépenses	Solde
		Totaux			

Année :   Solde précédent :

N°	Date	Désignation	Recettes	Dépenses	Solde
		Totaux			

Année : **Solde précédent :**

N°	Date	Désignation	Recettes	Dépenses	Solde
		Totaux			

Année :   Solde précédent :

N°	Date	Désignation	Recettes	Dépenses	Solde
		Totaux			

Année : **Solde précédent :**

N°	Date	Désignation	Recettes	Dépenses	Solde
		Totaux			

Année : _____   Solde précédent : _____

N°	Date	Désignation	Recettes	Dépenses	Solde
		Totaux			

Année : Solde précédent :

N°	Date	Désignation	Recettes	Dépenses	Solde
		Totaux			

Année :   Solde précédent :

N°	Date	Désignation	Recettes	Dépenses	Solde
		Totaux			

Année :   Solde précédent :

N°	Date	Désignation	Recettes	Dépenses	Solde
		Totaux			

Année :   Solde précédent :

N°	Date	Désignation	Recettes	Dépenses	Solde
		Totaux			

Année : **Solde précédent :**

N°	Date	Désignation	Recettes	Dépenses	Solde
		Totaux			

Année :   Solde précédent :

N°	Date	Désignation	Recettes	Dépenses	Solde
		Totaux			

Année :   **Solde précédent :**

N°	Date	Désignation	Recettes	Dépenses	Solde
		Totaux			

Année : _____   Solde précédent : _____

N°	Date	Désignation	Recettes	Dépenses	Solde
		Totaux			

Année :   **Solde précédent :**

N°	Date	Désignation	Recettes	Dépenses	Solde
		Totaux			

Année : Solde précédent :

N°	Date	Désignation	Recettes	Dépenses	Solde
		Totaux			

Printed in France by Amazon
Brétigny-sur-Orge, FR

20199265R00071